Endlich ist der Frühling wieder da und zieht in seinem farbenfrohen Gewand auch in unserem Zuhause ein. Und er hat kunterbunte Papierbasteleien im Gepäck: Prächtige Blüten, niedliche Häschen, freche Vögelchen, lustige Frösche und fröhliche Ostereier. Als Fensterbilder, kleine Geschenke, Wand- und Türschmuck sowie als Tischdeko stimmen sie auf das Frühjahr und auf Ostern ein. Lassen Sie sich anstecken von den bunten Farben und der guten Laune und zaubern Sie für sich und Ihre Familie einen Hauch Frühlings- frische in Ihr Heim.

Häschen vorm Haus

Fröhlicher Frühjahrsgruß

MOTIVGRÖSSE
20 cm x 29,5 cm

MATERIAL
- Tonkarton in Natur, 20 cm x 30 cm
- Tonkartonrest in Pink, Grün, Blau, Orange, Rosa und Weiß
- Tonkartonrest in Grün-Blau-Weiß kariert, Türkis mit weißen Punkten, Grau mit weißen Tupfen und Weiß mit rosa Blümchen
- Velourspapierrest in Braun
- 2 Halbperlen in Schwarz, ø 5 mm
- dickes Nähgarn in Schwarz, 5x 6 cm (für die Barthaare)
- Fineliner in Schwarz

VORLAGE
Bogen 3A

1 Alle Vorlagenteile mithilfe von Transparentpapier auf Tonkarton bzw. Velourspapier übertragen und ausschneiden (siehe So wird's gemacht).

2 Das Haus auf der Rückseite mit den entsprechenden Tonkartonteilen so bekleben, dass die Motivseiten der Kartons durch die Fenster und die Tür zu sehen sind.

3 Die Vorderseite des Hauses mit Fineliner verzieren. Orientieren Sie sich hierfür am Bild. Die Hose, das Tuch und die Nase des Hasen mit Buntstiften schattieren und die Verzierungen mit Fineliner aufzeichnen.

4 Kleben Sie das Hemd gemäß der Vorlage auf die Hose. Dann befestigen Sie den Kopf auf dem Hemd. Die gemusterten Innenteile auf die Ohren kleben. Die weißen Augenteile und die Zähne auf dem Kopf fixieren. Legen Sie die Barthaare zwischen Augen und Zähnen waagerecht über das Gesicht und kleben Sie die Nase auf das Gesicht. Dabei werden die Barthaare mit fixiert.

5 Zum Schluss das Halstuch auf dem Hals und die Halbperlen auf den weißen Augenflächen befestigen. Den Hasen auf dem Haus fixieren.

Unser Tipp für Sie

Schneiden Sie ein Schild (17 cm x 5 cm) aus farblich passendem Tonkarton zu und beschriften es nach Belieben, z. B. „Welcome", „Home sweet Home" oder „Komm rein". Fixieren Sie es mit Faden oder Draht an der Unterkante des Hauses. Hierfür mit einer Nähnadel kleine Löcher in Haus und Schild stechen und den Faden bzw. Draht durchfädeln.

Herzchen-Hänger

Für Eingangstür und Fenster

**MOTIVGRÖSSE
(OHNE DRAHTAUFHÄNGUNG)**
13 cm x 18 cm (großes Herz),
5,5 cm x 8,5 cm (kleines Herz)

MATERIAL
- Tonkartonrest in Pink, Weiß und Beige
- Tonkartonrest in Pink mit weißen Punkten, Orange-Pink-Weiß kariert, Blau-Grün-Weiß kariert, Blau-Grün-Weiß geblümt
- 2 Wackelaugen, ø 5 mm
- Pompon in Pink, ø 8 mm
- 1 Mini-Glöckchen in Pink, ø 8 mm
- Webband in Rosa mit weißen Punkten, 1 cm breit, 5 cm lang
- Basteldraht in Silber, ca. 40 cm (großes Herz) und 15 cm (kleines Herz) lang
- 5 Blumenperlen in Pink, Rosa und Lila, ø 8 mm
- Fineliner in Schwarz
- Schaschlikspieß
- dicke Nähnadel

VORLAGE
Bogen 4A

1 Alle Vorlagenteile mithilfe von Transparentpapier auf Tonkarton übertragen und ausschneiden (siehe So wird's gemacht).

2 Das Herz und den Hasenkopf mit entsprechenden Buntstiften schattieren. Die Zierlinien mit Fineliner aufzeichnen.

3 Die Herzen gemäß Vorlage zusammensetzen.
Kleines Herz: Das Webband auf das kleine Herz kleben. Das kleine pinkfarbene Herz mit Klebekissen auf das Webband kleben.

Großes Herz: Fixieren Sie den Hasenkopf auf dem pinkfarbenen Streifen des großen Herzens. Dabei die Ohren mit Klebekissen befestigen. Augen, Nase und Zähne gemäß Vorlage aufkleben.

4 Die beiden Drahtstücke um den Schaschlikspieß zu Spiralen wickeln. Dabei für das große Herz während des Wickelns die Blumenperlen und für das kleine Herz das Glöckchen auffädeln.

5 Mithilfe der Nähnadel gemäß Vorlage die Löcher für die Aufhängung in die Herzen stechen und den Draht an den Herzen befestigen.

Die drei vom Bauernhof

Lustige Eierbecher für den Ostertisch

MOTIVGRÖSSE
10 cm x 14 cm

MATERIAL
- Velourspapier in Weiß, Gelb und Grün, je 13 cm x 15 cm
- Tonkartonrest in Weiß, Orange und Schwarz
- Tonkartonrest in Gelb mit weißen Punkten, Pink mit weißen Tupfen, Weiß mit bunten Tupfen und Weiß mit Schmetterlingen und Blumen
- Wackelaugen, 2x ø 6 mm und 2x ø 10 mm
- 2 Halbperlen in Schwarz, ø 5 mm
- Permanentmarker in Schwarz

VORLAGE
Bogen 4A

1 Alle Vorlagenteile mithilfe von Transparentpapier auf Velourspapier bzw. Tonkarton übertragen und ausschneiden (siehe So wird's gemacht).

2 Kleben Sie die Kreise gemäß der Markierungen in der Vorlage auf die Körper.

3 Schaf: Wangen, Nase und Mundlinie mit Buntstift aufmalen und den Kopf gemäß Vorlage auf den Körper kleben.

Huhn: Den Kamm an der Rückseite des Kopfes fixieren, den Schnabel und den Kinnlappen mit Klebekissen befestigen.

Frosch: Die Krone und anschließend das weiße Augenteil aufkleben und den Mund mit Permanentmarker aufmalen.

4 Zum Schluss kleben Sie dem Schaf die größeren und dem Huhn die kleineren Wackelaugen auf. Dem Frosch werden die Halbperlen aufgeklebt.

5 Nun können Sie die drei vom Bauernhof mit Eierbechern oder Teelichtern dekorieren.

Unser Tipp für Sie

Wenn Sie die Grundmotive aus Tonkarton statt Velourspapier ausschneiden, können Sie den Körper mit Namen beschriften und die Figuren als Namensschilder auf Ihrem Frühlings- bzw. Ostertisch verwenden.

Wahre Freundschaft

Bunte Wiesenszene mit Hase und Vogel

MOTIVGRÖSSE

22 cm x 14,5 cm (Hase mit Wiese und Blumen) und 8,5 cm x 7,5 cm (Vogel)

MATERIAL

- Strukturkartonrest in Grün gepunktet und Pink gepunktet
- Tonkartonrest in Beige, Pink, Lila, Gelb, Türkis, Orange, Schwarz und Weiß
- Tonkartonrest in Türkis mit weißen Tupfen, Gelb-Weiß kariert, Pink-Weiß gepunktet und Orange-Pink-Weiß kariert
- Glitzerpapierrest in Lila und Pink
- 4 Halbperlen in Schwarz, ø 4 mm
- Pfeifenputzer in Pink, 2x 4 cm lang
- Fineliner in Schwarz
- Wellenschere

VORLAGE

Bogen 2A

1 Alle Vorlagenteile mithilfe von Transparentpapier auf Tonkarton übertragen und ausschneiden (siehe So wird's gemacht). Für das Gras den grünen Strukturkarton mit Punkten in den Maßen 20 cm x 5 cm zuschneiden. Den oberen Rand des Grasstreifens mit der Wellenschere bearbeiten.

2 Die unifarbenen Teile mit Buntstiften schattieren und die Linien und Muster mit Fineliner bzw. Buntstiften auftragen.

3 Für den Vogel die Flügel, den Schwanz und die Pfeifenputzer als Beine auf der Rückseite des Körpers befestigen. Die Füße auf die Beine kleben. Die weiße Augenfläche und den Schnabel gemäß Vorlage fixieren und die Halbperlen anbringen.

4 Befestigen Sie für den Hasen die Ohren und das Halstuch auf der Rückseite des Kopfes. Kleben Sie die Augenfläche gemäß Vorlage auf und fixieren Sie die Nase und die Halbperlen darauf. Den Kopf mit dem Halstuch auf dem Körper befestigen. Die Blume auf den Körper kleben und den gelben Kreis in der Mitte anbringen. Dann den Hasen auf der Wiese fixieren.

5 Für die Blumen alle Teile gemäß Abbildung und Vorlage aufeinander kleben. Die kleinste Blume mit Klebekissen vor dem Hasen, die beiden großen rechts und links vom Hasen fixieren.

6 Für den Käfer die Augen auf den Kopf kleben und diesen auf dem bereits verzierten Körper befestigen. Den Käfer ebenfalls mit Klebekissen vor dem Hasen auf das Gras setzen.

Fröhliche Girlande

Lustiges Küken mit Eiern

MOTIVGRÖSSE
8,5 cm x 26 cm

MATERIAL
- Tonkartonrest in Orange, Gelb, Dunkellila und Weiß
- Tonkartonrest in Gelb mit weißen Punkten, Grün mit weißen Punkten, Türkis mit weißen Punkten, Lila mit hellen Punkten, Weiß mit bunten Punkten, Lila gestreift und Pink mit rosa Blümchen
- 2 Wackelaugen, oval, 7 mm lang
- 2 Knöpfe in Weiß, ø 6 mm
- Satinband in Rosa, 4 mm breit, 2x 20 cm lang
- Fineliner in Schwarz

VORLAGE
Bogen 3B

1 Alle Vorlagenteile mithilfe von Transparentpapier auf Tonkarton übertragen und ausschneiden (siehe So wird's gemacht).

2 Die Zierlinien mit Fineliner aufmalen und die unifarbenen Teile mit Buntstiften schattieren.

3 Das gepunktete Hosenteil gemäß Vorlage auf dem Körper befestigen. Danach das gestreifte Teil und die Hosenträger aufkleben. Die Knöpfe und Wackelaugen fixieren. Zum Schluss den Schnabel mit Klebekissen unterhalb der Augen befestigen.

4 Die beiden Satinbänder auf der Rückseite des Huhns fixieren und die Eier gemäß Abbildung im Abstand von jeweils ca. 1 cm auf die Bänder kleben. Den Dotter auf dem weißen Ei befestigen.

Schön verschenken

Geflügelte Blumenstecker und Geschenkanhänger

MOTIVGRÖSSE
10 cm x 6 cm (Vogel, ohne Stab) und
9,5 cm x 5,5 cm (Schmetterling)

MATERIAL
- Tonkartonrest in Türkis, Gelb, Orange, Pink, Rosa
- Tonkartonrest in Bunt geringelt, Lila mit hellen Punkten, Pink mit weißen Punkten und Weiß mit bunten Punkten
- Transparentpapierrest in Weiß mit weißen Tupfen
- Wackelauge, ø 8 mm (je Vogel)
- 2 Wackelaugen, oval, 7 mm lang (Schmetterling)
- Pompon in Pink, ø 7 mm
- Basteldraht in Rot, 2x 8 cm lang
- Fineliner in Schwarz
- Schaschlikspieße
- Heißkleber

VORLAGE
Bogen 1B

1 Alle Vorlagenteile mithilfe von Transparentpapier auf Tonkarton übertragen und ausschneiden (siehe So wird's gemacht).

2 Die unifarbenen Teile mit Buntstiften schattieren und die Zierlinien mit Fineliner aufmalen.

3 Vogel: Den Schnabel und den Schwanz gemäß der Vorlage auf der Rückseite des Körpers fixieren. Den Flügel mit Klebekissen aufkleben und zum Schluss das Wackelauge befestigen.

Schmetterling: Den Ringelkörper an den Kopf kleben und die Flügel auf der Rückseite des Körpers gemäß der Vorlage fixieren. Augen und Nase auf das Gesicht kleben.

4 Für die Fühler wickeln Sie ein Drahtende zweimal um einen Schaschlikspieß. Kürzen Sie den Draht auf die gewünschte Länge und fixieren Sie die Fühler mit Heißkleber auf der Rückseite des Kopfes.

5 Wenn Sie die Figuren als Blumenstecker verwenden möchten, befestigen Sie mit Heißkleber auf der Rückseite der Motive einen Schaschlikspieß.

Unser Tipp für Sie

Die Motive eignen sich hervorragend als Geschenkaufkleber oder mit einem Bändchen versehen als Anhänger an Blumensträußen.

Hase im Bilderrahmen

Süße Deko fürs Kinderzimmer

MOTIVGRÖSSE
33 cm x 34 cm

MATERIAL
- Tonkarton-Bilderrahmen in Rosa-Weiß, 30 cm x 30 cm
- Tonkarton in Beige, 20 cm x 30 cm
- Tonkartonrest in Weiß und Pink
- Tonkartonrest in Hellblau mit weißen Punkten, Taupe mit weißen Tupfen und Blau mit weißen Tupfen
- Velourspapierrest in Gelb und Braun
- Stickgarn in Pink, 2x 10 cm lang
- je 2 Halbperlen in Schwarz, ø 3 mm und 6 mm
- 2 Perlen in Pink, ø 6 mm
- Pompon in Weiß, ø 15 mm
- Fineliner in Schwarz

VORLAGE
Bogen 4B

1 Die Mitte des Rahmen-Kartons ausschneiden (22,5 cm x 22,5 cm). Alle Vorlagenteile mithilfe von Transparentpapier auf Tonkarton bzw. Velourspapier übertragen und ausschneiden (siehe So wird's gemacht). Die unifarbenen Tonkartonteile mit passenden Buntstiften schattieren.

2 Die Augen und den Schnabel auf den Körper des Kükens kleben. Die Perlen für die Füße auf das Stickgarn fädeln und mit einem Knoten fixieren. Die Beine auf der Rückseite des Huhns so aufkleben, dass sie insgesamt ca. 2,5 cm lang sind. Dazu das Stickgarn eventuell etwas kürzen.

3 Die Ohrinnenflächen und die Fußsohlen des Hasen gemäß Vorlage aufkleben. Das linke Hosenbein, dann die Beine und den Oberkörper auf der Rückseite der Hose fixieren. Die Hosentasche befestigen.

4 Kleben Sie Nase, Augen und die Halbperlen auf den Kopf und malen Sie alle Zierlinien mit Fineliner auf die entsprechenden Teile.

5 Das Huhn auf dem Bauch des Hasen fixieren. Die untere Hand des Hasen aufkleben und anschließend den Arm darüber befestigen.

6 Kleben Sie nun den Kopf auf den Körper. Fixieren Sie den Hasen auf dem Rahmen und befestigen Sie den Pompon als Schwänzchen.

Spaßvögel auf der Leine

Wie am Schnürchen dekoriert

MOTIVGRÖSSE
7,5 cm x 9,5 cm (lila), 13,5 cm x 9,5 cm
(petrolfarben), 13,5 cm x 7,5 cm (weiß)

MATERIAL
- Tonkartonrest in Orange, Weiß, Petrol, Pink und Gelb
- Tonkartonrest in Orange-Pink-Weiß kariert, Lila mit hellen Punkten, Gelb mit weißen Tupfen, Petrol mit weißen Tupfen, Pink mit weißen Tupfen, Pink mit rosa Blümchen, Weiß mit bunten Punkten, Türkis mit weißen Punkten und Helllila mit geprägten Punkten
- Velourspapierrest in Weiß
- 6 Halbperlen in Schwarz, ø 4 mm
- 2 Perlen in Perlmuttblau, ø 7 mm
- Baumwollkordel in Pink, 2 mm stark, 2x 4 cm lang
- Kordel in Weiß-Blau, 2 mm stark, ca. 50 cm lang
- Pfeifenputzer in Pink, 2x 5 cm lang
- Pfeifenputzer in Rosa, 2x 6 cm lang

VORLAGE
Bogen 2B

1 Alle Vorlagenteile mithilfe von Transparentpapier auf Tonkarton und Velourspapier übertragen und ausschneiden (siehe So wird's gemacht). Die unifarbenen Teile mit Buntstiften schattieren und die Linien mit Fineliner auftragen.

2 Kleben Sie für den lilafarbenen Vogel die Augen, den Schnabel und die Halbperlen auf das Gesicht. Befestigen Sie die Kopf- und Schwanzfedern sowie die Kordel als Beine auf der Rückseite des Körpers und fixieren die Füße darauf.

3 Für den petrolfarbenen Vogel die Augenflächen und den Schnabel auf den Körper kleben. Die Lider auf den Augen fixieren. Die blauen Perlen jeweils an einem Ende der rosafarbenen Pfeifenputzer befestigen, die Fühler und Pfeifenputzer auf der Rückseite des Kopfes fixieren. Die Schwanzfedern

auf der Rückseite des pinkfarbenen Schwanzes befestigen. Diesen und die Füße auf der Rückseite des Körpers festkleben. Zum Schluss die Halbperlen als Pupillen fixieren.

4 Für den weißen Vogel die weiße Augenfläche auf den Kopf kleben. Darauf die Lider und den Schnabel anbringen sowie die Halbperlen als Pupillen fixieren. Die pinkfarbenen Pfeifenputzer als Beine und die Flügel auf der Rückseite des Körpers befestigen und die Füße auf die Pfeifenputzer kleben.

5 Die Kordel am Fenster oder an der Wand befestigen und die Vögel und Eier darauf drapieren.

Eierkranz in Pastelltönen

Heißt alle Gäste willkommen

MOTIVGRÖSSE
23 cm x 27,5 cm

MATERIAL

- Velourspapierrest in Weiß und Grau
- Tonkartonrest in Türkis, Orange, Pink, Gelb, Weiß und Schwarz
- Tonkartonrest in Lila mit weißen Punkten, Pink mit weißen Punkten, Gelb mit weißen Punkten, Rosa mit grünen Punkten und Türkis-Weiß gestreift
- 2 Halbperlen in Schwarz, ø 5 mm
- Pompon in Schwarz, ø 14 mm
- Motivstanzer Blume, ø 14 mm

VORLAGE
Bogen 2B

1 Alle Vorlagenteile mithilfe von Transparentpapier auf Fotokarton bzw. Velourspapier übertragen und ausschneiden (siehe So wird's gemacht).

2 Schattieren Sie die beiden türkisfarbenen Eier, die Blütenmitten und das orangefarbene Ringteil mit passenden Buntstiften.

3 Die Mundlinie des Hasen mit dem Cutter aufschneiden und die Zähne auf der Rückseite in die entstandene Öffnung einkleben. Die weiße Augenfläche auf das Gesicht und die grauen Veloursteile auf Ohren und Füße kleben. Fixieren Sie anschließend die schwarzen Tatzen auf den Füßen und den orangefarbenen Ring unter den Achseln.

4 Nun befestigen Sie zuerst die Arme auf dem Körper und anschließend den Kopf auf den Armen. Den Pompon auf dem Gesicht als Nase anbringen.

5 Kleben Sie die Eier und Blumen gemäß der Vorlage zu einem Ring zusammen. Befestigen Sie den Hasen mit dem orangefarbenen Ring von hinten auf dem Eierkranz. Die Arme liegen dabei links und rechts auf den Eiern. Die ausgestanzten pinkfarbenen Blüten auf den türkisfarbenen Eiern befestigen.

Froschkönig-Mobile

Märchenhafter Gefährte für die warme Jahreszeit

MOTIVGRÖSSE
17 cm x 39 cm

MATERIAL

- Strukturkarton in Grün mit grünen Punkten, 20 cm x 20 cm
- Tonkartonrest in Weiß, Pink, Rosa, Grau und Gelb
- Tonkartonrest in Gelb-Weiß gestreift, Hellgrün mit weißen Punkten und Pink mit rosa Blüten
- Transparentpapierrest in Weiß
- 4 Wackelaugen, oval, 7 mm lang
- Knopf in Pink-Weiß gestreift, ø 10 mm
- 2 Halbperlen in Schwarz, ø 6 mm
- 3 Pompons in Pink, ø 6 mm
- Motivstanzer Blume, ø 15 mm
- Fineliner in Schwarz
- Nähfaden in Weiß
- Nähnadel

VORLAGE
Bogen 1B

1 Alle Vorlagenteile mithilfe von Transparentpapier auf Tonkarton übertragen und ausschneiden (siehe So wird's gemacht).

2 Die Augen, das Herz und die Fliegenkörper mit passenden Buntstiften schattieren. Den Mund, die Herz- und Armlinien mit Fineliner auftragen, die Blütenmitte der kleinen gelben Blume mit Buntstift aufmalen.

3 Befestigen Sie nun die Krone von hinten am Kopf. Die drei Pompons auf den Spitzen der Krone fixieren. Das weiße Augenteil und die Bäckchen-Herzen gemäß Vorlage auf den Kopf kleben. Dann die Halbperlen als Pupillen auf die Augen kleben.

4 Den Knopf auf dem Herz und das Herz auf dem Bauch befestigen. Anschließend kleben Sie die Füße auf den Körper und die gelbe Blume auf die Hand des Froschkönigs.

5 Die Flügel von hinten auf den Fliegenkörpern befestigen und die Wackelaugen fixieren.

6 Gemäß Vorlage mit der Nähnadel kleine Löcher für die Aufhängung in die Figuren stechen und diese mit weißem Nähfaden miteinander verbinden.

Unser Tipp für Sie

Wenn Sie das Mobile frei im Raum aufhängen möchten, gestalten Sie die Motive beidseitig, damit Sie es von allen Seiten bewundern können!

Farbenfrohe Blumenstecker

Verschönern jeden Kräutertopf

MOTIVGRÖSSE
ø 8,5 cm, 8,5 cm x 7,5 cm und
12 cm x 10 cm (ohne Stab)

MATERIAL

- Tonkartonrest in Weiß und Gelb
- Tonkartonrest in Lila mit hellen Punkten, Pink mit hellen Punkten, Türkis mit großen weißen Punkten, Pink mit rosa Blumen, Dunkellila mit Punkten, Türkis mit kleinen weißen Punkten und Gelb-Weiß kariert
- Glitzerpapierrest in Türkis
- 3x Rundholz in Weiß, ø 4–5 mm, 30–35 cm lang
- Motivstanzer Herz, ø 13 mm
- Kordel in Weiß, 2 mm stark, 2x 35 cm lang
- Heißkleber

VORLAGE
Bogen 4B

1 Alle Vorlagenteile mithilfe von Transparentpapier auf Tonkarton übertragen und ausschneiden (siehe So wird's gemacht). Ein Herzchen in Weiß und 14 weitere in Pink ausstanzen.

2 Für die große ovale Blüte zuerst das weiße Oval unter das lilafarbene Blütenteil kleben und anschließend die Herzen gemäß Abbildung auf dem äußeren Ring befestigen. Für die Blütenmitte das türkisfarbene Oval auf das lilafarbene Blütenteil kleben, mit Klebekissen das gelbe Oval fixieren und darauf die pinkfarbene Blüte befestigen.

3 Kleben Sie für die Glitzerblume die pinkfarbene Blütenmitte auf die türkisfarbene Blume und fixieren Sie das kleine weiße Herz mit einem Klebekissen in der Mitte.

4 Für die lilafarbene Blume die weißen Blütenblätter gemäß Vorlage auf den lilafarbenen Kreis kleben. Die pinkfarbene Blütenmitte darauf platzieren. Zum Schluss kleben Sie das gelbe und türkisfarbene Oval jeweils mittig mit Klebekissen auf.

5 Die Stiele mit Heißkleber jeweils an der Rückseite der Blumen fixieren und die Hölzchen mit den Kordeln bzw. Blättern verzieren.

Unser Tipp für Sie

Falls Sie keinen passenden Motivstanzer haben, können Sie die Herzchen auch ausschneiden (siehe Vorlage). Außerdem können Sie auch unbehandelte Rundhölzer verwenden, die Sie vor dem Befestigen mit weißer Dispersions- oder Bastelfarbe bemalen.

Schnecken-Windlicht

Für laue Frühjahrsnächte

MOTIVGRÖSSE
38,5 cm x 10 cm

MATERIAL
- 2x Transparentpapier mit weißen Punkten, je 20 cm x 10 cm
- 2x Strukturkarton in Pink mit Punkten, je 10 cm x 2 cm
- Tonkartonrest in Pink, Weiß, Rosa, Flieder und Lila
- Tonkartonrest in Weiß mit bunten Tupfen
- 2 Halbperlen in Schwarz, ø 3 mm
- Webband in Pink, 6 mm breit, 75 cm lang
- Permanentmarker in Schwarz
- Fineliner in Schwarz
- Motivstanzer Blume, ø 15 mm
- Motivstanzer Herz, ø 14 mm
- Kerzenglas, ø 12 cm, 18 cm hoch
- Klebeband

VORLAGE
Bogen 3B

1 Alle Vorlagenteile mithilfe von Transparentpapier auf Tonkarton übertragen und ausschneiden (siehe So wird's gemacht). Mit den Motivstanzern 17 Blümchen und ein Herz ausstanzen (oder gemäß Vorlage zuschneiden).

2 Die unifarbenen Teile mit Buntstiften schattieren und die Konturlinien mit Fineliner aufmalen. Die Fühler mit Permanentmarker gemäß Vorlage auf einen der Transparentpapierstreifen malen.

3 Nun kleben Sie den Körper und das Schneckenhaus gemäß Vorlage auf das Transparentpapier und fixieren die weiße Augenfläche und die Halbperlen darauf.

4 Je einen pinkfarbenen Streifen an die kurzen Seiten eines Transparentpapierstreifens kleben. Auf einer der Seiten den zweiten Transparentpapierstreifen von hinten befestigen.

5 Die Blümchen mit Klebekissen auf dem Transparentpapier verteilt anbringen. Den Streifen um das Glas legen und mit Klebeband fixieren. Zum Schluss das Webband um den oberen Rand des Glases legen und eine Schleife binden.

Frühlingsbuntes Fensterbild

Buddy mit Hühnchen

MOTIVGRÖSSE
40 cm x 23 cm

MATERIAL

- Tonkarton in Dunkelblau mit hellblauen Punkten, 31 cm x 23 cm
- Tonkarton in Grün, 20 cm x 30 cm
- Tonkartonrest in Beige, Rot, Weiß, Pink, Rosa und Lila
- Tonkartonrest in Lila-Weiß kariert und Pink gestreift
- Glitzerkartonrest in Lila
- Velourspapierrest in Gelb
- 2 Wackelaugen, oval, 7 mm lang
- 2 Halbperlen in Schwarz, ø 4 mm
- Kordel in Rot-Weiß, 2 mm stark, 25 cm lang
- Motivstanzer Blume, ø 15 mm
- Motivstanzer Spirale, ø 15 mm
- Fineliner in Schwarz

VORLAGE
Bogen 1A

1 Alle Vorlagenteile mithilfe von Transparentpapier auf Velourspapier bzw. Tonkarton übertragen und ausschneiden (siehe So wird's gemacht).

2 Büsche, Blume, Luftballon, Schnabel und den Buddy mit Buntstiften schattieren und die Linien mit Fineliner aufmalen.

3 Kleben Sie die Büsche und die Wolken gemäß Vorlage auf den Hintergrund. Dabei fixieren Sie die kleine Wolke mit Klebekissen.

4 Die beiden Hosenteile auf das Huhn bzw. den Buddy kleben.

Huhn: Fixieren Sie das Huhn gemäß der Vorlage auf dem rechten Busch und dem Hintergrund. Den Schnabel befestigen Sie mit einem Klebekissen. Dann kleben Sie die Wackelaugen auf.

Buddy: Fixieren Sie den Buddy gemäß der Vorlage mit Klebekissen auf dem linken Busch und dem Huhn. Die weißen Augen aufkleben und die Halbperlen als Pupillen befestigen.

5 Für die Blume kleben Sie den gelben Velourskreis auf das Glitzerpapier und dieses dann mit Klebekissen auf die pinkfarbene Blume.

6 Die Kordel am Luftballon festknoten und den Ballon mit Klebekissen auf dem Hintergrund befestigen. Die Ballonkordel zusammen mit der Hosentasche auf der Hose des Huhns fixieren.

7 Stanzen Sie ca. 5 Spiralen in Pink und 15 Blumen in Weiß und verschiedenen Rosa- und Pinktönen aus. Kleben Sie diese auf die Büsche bzw. eine weiße Blume auf die Hose des Buddy.

Unser Tipp für Sie

Falls Sie keine Stanzer verwenden möchten, können Sie die Blumen auch gemäß Vorlage ausschneiden und die Spiralen mit einem Filz- oder Buntstift aufmalen.

Tierische Grußkarten

Freche Grüße von Hase und Vogel

MOTIVGRÖSSE
13 cm x 13 cm (Hase) und
10 cm x 11,5 cm (Vogel)

MATERIAL
- Strukturkarton in Pink mit pink-farbenen Punkten, 25 cm x 15 cm (Vogel)
- Tonkarton in Beige mit weißen Punkten, 25 cm x 15 cm (Hase)
- Tonkartonrest in Weiß, Grau, Grün und Orange
- je 2 Halbperlen in Schwarz, ø 6 mm
- Fineliner in Schwarz

VORLAGE
Bogen 3B

Alle Vorlagenteile mithilfe von Transparentpapier auf Tonkarton übertragen und ausschneiden (siehe So wird's gemacht). Die Karten in der Mitte falzen, sodass jeweils eine Klappkarte entsteht.

Hase

1 Nase, Augen, Zähne, Karotte und das Karottengrün mit passenden Bunt-stiften schattieren. Das Gesicht und die Zahnlinien mit Fineliner aufmalen.

2 Schneiden Sie mit dem Cutter gemäß Vorlage einen Schlitz in die Schnau-zenlinie, schieben Sie die Zähne in diesen Schlitz und fixieren Sie sie von hin-ten an der Oberkante.

3 Nase und das weiße Augenteil auf das Gesicht kleben und die Pupillen be-festigen. Zum Schluss malen Sie dem Hasen noch rote Bäckchen und fixieren die Karotte auf der Innenseite der Karte.

Vogel

1 Den Schnabel und die Augen mit Buntstiften schattieren. Kleben Sie die weiße Augenfläche gemäß Vorlage auf das Gesicht. Die Augenbrauen mit Fineliner aufmalen.

2 Fixieren Sie anschließend den Schnabel mit Klebekissen unterhalb der Au-gen. Zum Schluss die Halbperlen auf die Augenfläche kleben.

Unser Tipp für Sie

Verwenden Sie die Karten für Einladungen oder Glückwünsche. Oder schicken Sie guten Freunden einfach so einen lieben Gruß!

Kunterbuntes Wandbild

Blumentopf & Freunde

MOTIVGRÖSSE

24 cm x 21 cm

MATERIAL

- Fotokarton in Altrosa mit rosa-farbenen Punkten, 25 cm x 23 cm
- Fotokarton in Lila, 25 cm x 5 cm
- Tonkartonrest in Hellbraun, Flieder, Gelb, Pink, Rosa, Grün und Weiß
- Tonkartonrest in Pink mit weißen Tupfen, Petrol mit weißen Punkten, Hellgrün mit weißen Punkten, Weinrot mit weißen Punkten und Petrol-Weiß gestreift
- Velourspapierrest in Gelb und Orange
- je 2 Wackelaugen, ø 8 mm (grüne Ente), ø 10 mm (Hase), ø 12 mm (pinkfarbenes Huhn)
- Knopf in Gelb mit weißen Punkten, ø 17 mm
- Stickgarn in Pink, 10 cm lang
- Fineliner in Schwarz und Grün

VORLAGE

Bogen 2A

1 Den lilafarbenen Fotokartonstreifen am unteren Rand auf den altrosafarbenen Karton kleben. Alle Vorlagenteile mithilfe von Transparentpapier auf den jeweiligen Karton übertragen (siehe So wird's gemacht). Die einzelnen Teile schneiden Sie nun mit einem Cutter oder einer Schere aus.

2 Die beiden Hasenteile, die drei Blumen, das große Herz für den Topf und die beiden Schnäbel mit Buntstift umranden und schattieren. Beide Herzen und den Hintergrund mit schwarzem Fineliner umranden.

3 Anschließend setzen Sie alle Einzelmotive gemäß der Vorlage zusammen. Dabei verwenden Sie Klebekissen für die Hasennase, den Schnabel des pinkfarbenen Vogels, das Herz in der Blumenmitte und den Blumentopfrand. Die Wackelaugen gemäß Vorlage aufkleben.

4 Zeichnen Sie die Blütenstiele und Blätter gemäß Vorlage auf und malen Sie die Blätter grün an.

5 Die Einzelmotive aufkleben, dabei zuletzt den pinkfarbenen Vogel mit Klebekissen auf der Ente befestigen.

6 Das Stickgarn durch die Knopflöcher fädeln und auf dem Knopf verknoten. Schneiden Sie die Enden kurz ab und fixieren Sie den Knopf mit Klebstoff auf der Blume.

Heike Roland und Stefanie Thomas reisten gemeinsam viele Jahre als Künstler-Teddybären-Macher zu verschiedenen Messen, bevor sie zum frechverlag kamen. In ihrem witzigen Stil haben sie seither zahlreiche Bücher, z. B. zu den Themen Stricken, Nähen und Papierbasteln veröffentlicht. Beim Verwirklichen der Ideen für ihre Bücher haben sie sehr viel Spaß und Freude!

TOPP – Unsere Servicegarantie

WIR SIND FÜR SIE DA! Bei Fragen zu unserem umfangreichen Programm oder Anregungen freuen wir uns über Ihren Anruf oder Ihre Post. Loben Sie uns, aber scheuen Sie sich auch nicht, Ihre Kritik mitzuteilen – sie hilft uns, ständig besser zu werden.

Bei Fragen zu einzelnen Materialien oder Techniken wenden Sie sich bitte an unseren Kreativservice, Frau Erika Noll.
mail@kreativ-service.info
Telefon 0711 / 123 757 20

Das Produktmanagement erreichen Sie unter:
produktmanagement@frechverlag.de
oder:
frechverlag
Produktmanagement
Turbinenstraße 7
70499 Stuttgart
Telefon 0711 / 8 30 86 68

LERNEN SIE UNS BESSER KENNEN! Fragen Sie Ihren Hobbyfach- oder Buchhändler nach unserem kostenlosen Magazin **Meine kreative Welt.** Darin entdecken Sie dreimal im Jahr die neuesten Kreativtrends und interessantesten Buchneuheiten.

Oder besuchen Sie uns im Internet! Unter **www.topp-kreativ.de** können Sie sich über unser umfangreiches Buchprogramm informieren, unsere Autoren kennenlernen sowie aktuelle Highlights und neue Kreativtechniken entdecken, kurz – die ganze Welt der Kreativität.

Kreativ immer up to date sind Sie mit unserem monatlichen **Newsletter** mit den aktuellsten News aus dem frechverlag, Gratis-Bastelanleitungen und attraktiven Gewinnspielen.

IMPRESSUM

FOTOS: frechverlag GmbH, 70499 Stuttgart; lichtpunkt, Michael Ruder, Stuttgart
PRODUKTMANAGEMENT UND LEKTORAT: Magdalena Wassen
GESTALTUNG: Eva Grimme
DRUCK: Tiskárna Grafico s.r.o., Tschechische Republik

4. Auflage 2022

© 2018 **frechverlag** GmbH, Turbinenstraße 7, 70499 Stuttgart

ISBN 978-3-7724-4299-5 • Best.-Nr. 4299